STEFFI BALTES

Frisches Wasser für die Seele

francke

Inhalt

Wasser

ist ein großartiges Geschenk Gottes und ein wichtiges Element, das seine ganze Schöpfung durchdringt – auch uns Menschen. Die Oberfläche unseres „blauen Planeten" ist zu zwei Dritteln mit Wasser bedeckt, und mehr als die Hälfte unseres Körpers besteht daraus. Menschen, Tiere und Natur brauchen es, um überleben zu können.

Wasser ist eines der Elemente, mit denen Gott die Welt formt. Es schenkt Leben, ermöglicht Wachstum und Vielfalt. Es reinigt, es heilt und erfrischt. Wasser kann aber auch zur Bedrohung werden durch große Meereswellen, durch Fluten und Unwetter. Es entfaltet eine unglaubliche Kraft, die das Aussehen unserer Welt verändert und die Schicksale von Völkern bestimmt. Mit dem Wasser hat Gott ein einmaliges, segensreiches, aber auch Ehrfurcht einflößendes Element geschaffen.

In der Bibel spielt Wasser an vielen Stellen eine wichtige Rolle: Gleich zu Beginn erzählt der Schöpfungsbericht vom Urmeer, über dem der Geist Gottes schwebt, oder den drei Strömen, die aus dem Garten Eden fließen. Immer wieder begegnet uns Wasser in wichtigen Momenten der Geschichte Gottes mit seinem Volk, sei es bei Jakobs Kampf mit dem Boten Gottes am Fluss Jabbok, beim Durchzug Israels durch das Schilfmeer oder bei der

Taufe Jesu im Jordan. Die Jünger erleben Todesangst und Rettung auf dem stürmischen See Genezareth, und die Offenbarung spricht von dem wunderbaren Strom lebendigen Wassers, der eines Tages vom Thron Gottes ausgehen wird und der Natur und den Menschen Heilung bringt.

Gott schenkt uns Wasser im Überfluss, in einem ganz praktischen und realen Sinn. Unser Leben hängt davon ab. Doch Gott hat uns auch so geschaffen, dass wir auf einer viel tieferen, geistlichen Ebene vom Wasser abhängig sind – von Gottes frischem „Lebenswasser" nämlich, das unsere Seele, unser innerer Mensch braucht, um lebendig und gesund zu bleiben.

Die Propheten und Jesus reden oft vom Wasser im übertragenen Sinn und verwenden es als ein Bild für geistliche Geschehnisse und Entwicklungen, die Gott im Leben von Menschen bewirkt: Besonders Jesus war ein Meister darin, anhand einfacher Beobachtungen in der Natur oder im Alltagsleben seinen Zuhörern tiefe geistliche Wahrheiten zu vermitteln.

So feiert er zum Beispiel mit seinen Jüngern das Laubhüttenfest in Jerusalem, in dessen Verlauf jeden Tag ein Krug Wasser aus der Siloah-Quelle am Fuße der Stadt geschöpft und hoch zum Tempel getragen wurde. Am siebten Tag des Festes goss dann der Priester das Wasser aus einem goldenen Krug über den Altar und erinnerte an die Verheißung des Propheten Jesaja:

„Ihr werdet mit Freuden Wasser schöpfen aus den Heilsbrunnen." (Jes. 12,3)

Dieses Wasser galt als Symbol für die Hoffnung auf die Zeit, in der Gott alles zum Guten wenden wird, und als Zeichen dafür, dass die Quelle des Lebens allein in Gott ist. Jesus nimmt das Ereignis im Tempel zum Anlass, um darauf aufmerksam zu machen, dass in ihm bereits diese Heilszeit angebrochen ist. Er ist der Messias, der Gesalbte, der Heiland. Er ruft den Menschen auf dem Fest zu:

„Wen da dürstet, der komme zu mir und trinke!" (Joh. 7,37)

Aber wie die Menschen zur Zeit Jesu versuchen wir immer wieder, unseren großen Durst nach einem erfüllten Leben an anderen Orten zu stillen. Das beschreibt schon der Prophet Jeremia viele Jahrhunderte vor Jesus, wenn er berichtet, wie traurig Gott über dieses Verhalten ist:

„Mich, die lebendige Quelle, verlassen sie und machen sich Zisternen, die doch rissig sind und kein Wasser geben." (Jer. 2,13)

In manchen Momenten erkennen wir selbst ganz deutlich, wie weit wir uns von dem entfernt haben, der unserer Seele und unserem Körper guttut.

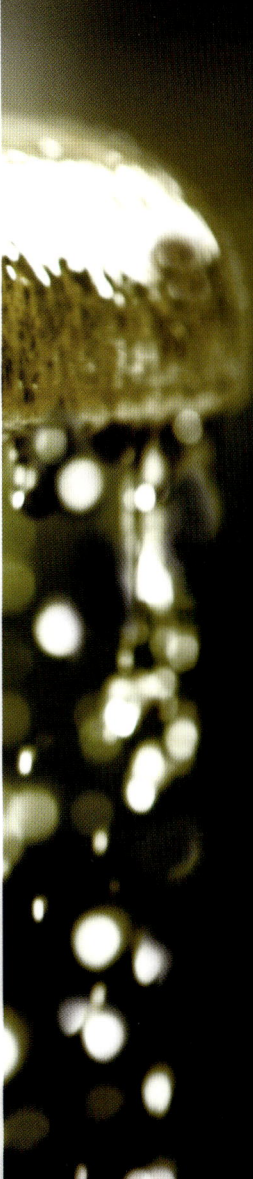

„Es dürstet meine Seele nach dir, mein ganzer Mensch verlangt nach dir aus trockenem, dürrem Land, wo kein Wasser ist", so beschreibt König David seine Suche nach Gott *(Ps. 63,2)*.

Wieder und wieder machen wir die Erfahrung, dass ein Leben fern von Gott nicht gelingen kann und stattdessen über uns zusammenschlägt wie gewaltige Meereswogen:

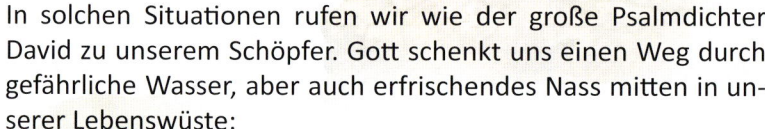

„Gott, hilf mir! Denn das Wasser geht mir bis an die Kehle. Ich bin in tiefe Wasser geraten, und die Flut will mich ersäufen."
(Ps. 69,2-3)

In solchen Situationen rufen wir wie der große Psalmdichter David zu unserem Schöpfer. Gott schenkt uns einen Weg durch gefährliche Wasser, aber auch erfrischendes Nass mitten in unserer Lebenswüste:

„So spricht der Herr, der im Meer einen Weg und in starken Wassern Bahn macht: Gedenkt nicht an das Frühere und achtet nicht auf das Vorige! Denn siehe, ich will ein Neues schaffen, jetzt wächst es auf, erkennt ihr's denn nicht? Ich mache einen Weg in der Wüste und Wasserströme in der Einöde." (Jes. 43,16.18-19)

Gott ist treu. Auch wenn wir uns von ihm entfernt haben und auf Abwege geraten sind, er hilft uns und reinigt uns von unserer Schuld. So, wie das Wasser unseren Körper reinigt, so reinigt

Gott unser Herz, unsere Seele und unsere Gedanken. Das wird in der Taufe symbolisiert: Wir tauchen als alter Mensch im Wasser unter und kommen als neuer Mensch daraus hervor. Gott wäscht die Vergangenheit von uns ab und schließt einen Bund mit uns: Die ersten Jünger Jesu befolgten den Taufbefehl ihres Herrn. Sie ermahnten und ermutigten die Menschen um sich herum, einen neuen Anfang mit Gott zu wagen:

„Der Gott unserer Väter hat dich erwählt. Steh auf und rufe seinen Namen an und lass dich taufen und deine Sünden abwaschen." (Apg. 22,14)

Das Wasser spielt eine bleibende, wichtige Rolle in Gottes Geschichte mit uns Menschen. Gott möchte den tiefen Durst unserer Seele nach einem erfüllten, bedeutsamen Leben stillen. Er schenkt uns Lebenswasser, ja, er selbst ist die Quelle, die all unseren Durst löscht. Jesus lädt uns ein, uns auf das Abenteuer einer Freundschaft mit Gott einzulassen, die immer erfrischender, belebender und segensreicher wird:

„Und der Geist und die Braut sprechen: Komm! Und wer es hört, der spreche: Komm! Und wen dürstet, der komme; und wer da will, der nehme das Wasser des Lebens umsonst." (Offb. 22,17)

Durchdrungen

„Am Anfang schuf Gott Himmel und Erde. Und die Erde war wüst und leer, und es war finster auf der Tiefe; und der Geist Gottes schwebte auf dem Wasser."

1.Mo. 1,1-2

„Alles durchdringst du, die Höhen, die Tiefen und jeglichen Abgrund. Durch dich birgt Wasser das harte Gestein, rinnen die Bächlein und quillt aus der Erde das frische Grün."

HILDEGARD VON BINGEN

Wie das Wasser, das sich seinen Weg sucht,
unaufhaltsam, so durchdringst du alles.
Wie das Wasser, das sich in die Weite dehnt,
unermesslich, so bist du.
Wie das Wasser, das sich um die Erde spannt,
unbegrenzt, so umfängst du uns.

Dein Geist schwebt wie ein Vogel
über dem Urmeer am Anfang der Welt.
Dein Geist schwebt wie eine Taube
über Jesus in den Fluten des Jordan.
Dein Geist will auch mich durchdringen
und mich im Lebenswasser baden.

Ausgetrocknet

„Mich, die lebendige Quelle, verlassen sie und machen sich Zisternen, die doch rissig sind und kein Wasser geben."

Jer. 2,13

„Alle Menschen, die nicht wissen, wo sie nach der Wahrheit suchen sollen, außer in dem flachen Brunnen ihres eigenen Denkens, werden dort nichts weiter finden als ihr eigenes Spiegelbild und glauben, es sei das, wonach sie suchen."

JAMES RUSSELL LOWELL

Bin auf der Suche nach Frischem, Neuem,
die alten Wasserstellen
versprechen mir nichts mehr.
Will leben, leben, doch so, wie ich will,
und meine eigenen Brunnen graben.

Zu spät erst merke ich:
Bin dir vorausgelaufen,
hab dich hinter mir gelassen.
Wollte die Welt auf eig'ne Faust erkunden
und hab doch nichts entdeckt,
was mich erfüllt.

Der Brunnen ist leer,
meine Weisheit am Ende.
Ich laufe zurück zu dir
und dem Wasser, das nie versiegt.

Ungestillt

„Wie der Hirsch lechzt
nach frischem Wasser,
so schreit meine Seele,
Gott, zu dir. Meine Seele
dürstet nach Gott, nach
dem lebendigen Gott."

Ps. 42,2-3

Erst wenn es ruhiger wird,
der Lärm des Alltags verklingt,
die Hektik des Tages erstirbt,
merke ich:

Die Seele ist taub geworden,
die Sehnsucht nach dir
ist niedergeschrien,
die Liebe zu dir verdorrt.

Dabei will ich dich doch lieben,
will mich doch sehnen nach dir,
und mein Verlangen
wird nicht gestillt,
bis du zu mir kommst.

„Meine Seele brennt in mir,
lechzet, dürstet, trägt Begier
nach dir, o du süßes Leben,
der mir Leib und Seel gegeben."

PAUL GERHARDT

Überreich

„Ihr werdet mit Freuden Wasser schöpfen aus den Heilsbrunnen."

Jes. 12,3

„Gottes Brünnlein hat Wasser die Fülle."

Ps. 65,103

Du hast genug für mich, mehr als genug.
Ich brauch mich nicht zu sorgen,
kann mein Herz weit machen
und fröhlich zu dir laufen, Herr.

Du hast genug, mehr als genug.
Du gibst großzügig und überreich.
Ich kann trinken, trinken
und werde doch nicht voll von dir.

Mehr will ich, mehr von dir!
Will aus den Tiefen meines Gottes schöpfen.

„Die Gottheit ist ein Brunnen,
aus ihr kommt alles her
und läuft auch wieder hin.
Drum ist sie auch das Meer."

ANGELUS SILESIUS

14

Unerwartet

*„Gedenkt nicht an das Frühere
und achtet nicht auf das Vorige!
Denn siehe, ich will ein Neues
schaffen. Ich mache einen
Weg in der Wüste und Wasserströme in der Einöde."*

Jes. 43,18-19

„Wenn der Herr uns nicht einen
besseren Platz gibt, wird er es uns
an diesem Platz besser ergehen
lassen. Die Wildnis ist kein wohn-
licher Ort, aber der Herr kann sie
dazu machen. Durch den Glauben
kann die Wüste zum Vorort des
Himmels werden."

CHARLES HADDON SPURGEON

Manchmal scheinst du mir
unerreichbar, unwirklich und fern,
flimmerst wie durch einen Schleier
am Horizont der Wüste meines Lebens.

Bist du es, Herr?
Wo warst du, als die Hitze am schlimmsten
und die Not am größten war,
als ich im tiefen Sand versank
und das dürre Tal meine letzte Kraft ver-
schlang?

Doch da strömst du mir entgegen
mit deiner Lebenskraft,
spülst Vergangenes fort,
wäschst Wunden aus,
lässt meine Wüste blühen.

Fruchtbar

„Wohl dem, der Lust hat am
Gesetz des Herrn. Der ist wie
ein Baum, gepflanzt an den
Wasserbächen, der seine Frucht
bringt zu seiner Zeit, und seine
Blätter verwelken nicht.
Und was er macht,
das gerät wohl."

Ps. 1,2-3

„Freue dich, schmachtende Seele,
Gottes Brünnlein hat Wassers die Fülle,
auch für dich und mich!
Selig, wer dort dürstend schöpft,
selig, wer dort rein sich badet,
selig, wer dort Wurzel schlägt,
der ist wie ein Baum,
gepflanzt an Wasserbächen,
immergrün und früchtereich."

KARL FRIEDRICH VON GEROK

Herr,
bei dir will ich bleiben,
dein Wort hören,
deine Werke tun.

Wurzeln will ich schlagen,
mich tief eingraben
in deiner Nähe.

Dein Lebenswasser
lässt mich wachsen
und ein Segen sein.

Vertrauensvoll

„Schütte dein Herz aus vor
dem Herrn wie Wasser."

Klgl. 2,19

Herr,
wenn Sorgen mir den Schlaf rauben,
wenn Angst mich überfällt,
dann hoffe ich auf dich.

„Dann, erst dann?",
fragst du mich
und sprichst:

„Gib mir alles, lass es fließen,
was in deinem Herzen ist.
Deine Freuden, deine Schmerzen,
alles will ich mit dir teilen.

Tränen des Glücks
und Tränen der Trauer
sind bei mir nicht vergessen
und niemals umsonst vergossen."

„Immer, wenn der Mensch
von Traurigkeit befallen wird,
dann soll er zum göttlichen Herzen,
dem ihm übergebenen Schatz,
vertrauensvoll seine Zuflucht nehmen."

MECHTHILD VON HACKEBORN

Umsorgt

„Die Menschenkinder werden satt von den reichen Gütern deines Hauses, und du tränkst sie mit Wonne wie mit einem Strom."

Ps. 36,9

„Das zitternde Glänzen
der spielenden Wellen
versilbert das Ufer,
beperlet den Strand;
die rauschende Flüsse,
die sprudelnden Quellen
bereichern, befeuchten,
erfrischen das Land,
und machen in tausend
vergnügenden Fällen
die Güte des herrlichen
Schöpfers bekannt."

BARTHOLD HEINRICH BROCKES

**Herr,
großzügig bist du und gut.
Du erfüllst die Welt
verschwenderisch mit deinen Werken
und auch mein Leben
erzählt von deinen Wundern.**

**Du nährst mich mit deiner Schönheit,
erfrischst mich mit deinem Erbarmen.
Ich kann mich nicht sattsehen
an dir und dem, was du tust.**

Überfließend

„Wer an mich glaubt,
wie die Schrift sagt,
von dessen Leib werden
Ströme lebendigen
Wassers fließen."
Joh. 7,38

Herr Jesus,
du hast mein Leben reich gemacht.
Du füllst mir die Hände
mit mehr, als ich fassen kann.

Ich möchte loslassen,
weitergeben,
überfließen von dir
und deinem Geist
wie ein Brunnen,
dessen Wasser sich verschenkt.

„Gleichwie ein Gefäß,
wenn man es anrührt,
unversehends überfließt und ausläuft,
also wird die Seele
unversehends angerührt
und ganz überwältigt
von der Überfülle ihres Herzens,
so dass es zuweilen ausläuft
und überfließt."

BEATRIJS VON NAZARETH

Lebensspendend

„Und siehe, da floss ein Wasser heraus unter der Schwelle des Tempels nach Osten. Und alles soll gesund werden und leben, wohin dieser Strom kommt."

Hes. 47,1+9

„O die tiefe Liebe Jesu,
frei, unfassbar mächtiglich,
rollet gleich dem weiten Meere
voll und segnend über mich.
Rings ergießt sich
und umschließt mich
seiner Liebe reicher Strom,
führt mich vorwärts,
führt mich aufwärts
bis zur Ruh' im Himmelsdom."

SAMUEL TREVOR FRANCIS

Ich stehe da und staune:
Du bist am Werk in deiner Schöpfung.
In deinem Sohn, durch deinen Geist,
durch Menschen, die dir folgen.

Deine Liebe strömt unaufhörlich
heilsam hinein in diese Welt.
Dein Geist führt Wunder mit sich
und tränkt trockene, erstarrte Herzen.

Ich stehe da und staune:
Lass mich nicht am Ufer bleiben.
Nimm mich mit,
wenn du das Dürre fruchtbar machst.
Reiß mich mit dir fort
auf deinem Weg
zu den Menschen.

Umgetrieben

„Mein Gott, betrübt ist meine Seele in mir, darum gedenke ich an dich. Alle deine Wasserwogen und Wellen gehen über mich. Am Tage sendet der Herr seine Güte,und des Nachts singe ich ihm und bete zu dem Gott meines Lebens."

Ps. 42,7-9

„Ich bin so ertränkt im Quell seiner unermesslichen Liebe, als sei ich im Meer ganz unter Wasser und könnte nach keiner Seite irgendetwas berühren, sehen oder fühlen als Wasser."

KATHARINA VON GENUA

Vater,
das Leben mit dir gleicht oft
dem Schicksal des Schwimmers
im weiten Meer.
In einem Moment noch
ruhig und friedlich
glitzernde Wellen wiegen sanft,
doch im nächsten Moment schon
emporgehoben und hinabgeschleudert
ins tiefe Wellental.
Doch ich halte fest an dir.
Du nimmst meine Hand
und schwimmst mit mir
wieder in ruhigere Gewässer.

Unbeschwert

*„Er wird sich unser wieder
erbarmen, unsere Schuld
unter die Füße treten und
alle unsere Sünden in die
Tiefen des Meeres werfen.“*

Mi. 7,19

Manchmal, Vater,
lade ich anderen Lasten auf,
die sie nicht tragen sollten.
Mache sie klein und mich groß.
Sehe nur auf mich
und werde blind für dich.

Herr, trenne mich von dem,
was mich wegzieht von dir.
Komm hinein
in den unerforschten Abgrund meiner Seele
und nimm das gefangen,
was mich in der Tiefe halten will.

*„Er gebe uns ein fröhlich Herz,
erfrische Geist und Sinn
und werf all' Angst, Furcht, Sorg
und Schmerz ins Meeres Tiefe hin.“*

PAUL GERHARDT

Unersättlich

„Ich will dem Durstigen
geben von der Quelle
des lebendigen Wassers
umsonst.“
Offb. 21,6

Nie soll deine Quelle,
die sprudelnde, in mir versiegen.

Nie will ich mehr mit schalem,
totem Wasser mich begnügen.

Ich muss nicht suchend Ausschau halten,
brauch mich nur durstig auszustrecken
nach dem, was du so gerne gibst.

„Denn nichts Endliches,
nicht die ganze Welt
kann eine Menschenseele befriedigen,
in der das Bedürfnis
nach dem Ewigen sich regt.“

SÖREN KIERKEGAARD

Unerschöpflich

„Der Herr wird dich immer-
dar führen und dich sättigen
in der Dürre und dein Gebein
stärken. Und du wirst sein
wie ein bewässerter Garten
und wie eine Wasserquelle,
der es nie an Wasser fehlt."

Jes. 58,11

„Mein Freund, mein Jesus,
der mich liebt,
pflegt, ob er mich zuweilen übt,
sich meiner doch nie zu entziehen.
Sein Umgang ist mein Himmelreich,
und ich bin seinem Garten gleich,
wo Rosen unter Dornen blühen."

HEINRICH ERNST
GRAF ZU STOLBERG-WERNIGERODE

Das trockene Land in mir
wird wieder grün
und mehr noch
früchtereich
farbenfroh
lebensspendend.

Du machst mein Leben
zu einem Garten,
in dem man gerne bleibt,
an dem sich andere freuen,
wo Segensströme fließen
und man beim Spazierengehen
den Vater trifft.

Wertschätzend

„Herr, wie sind deine Werke so groß und viel! Da ist das Meer, das so groß und weit ist, da wimmelt's ohne Zahl, große und kleine Tiere. Da sind große Fische, die du gemacht hast, damit zu spielen."

Ps. 104,24-26

„Liebet die Tiere, liebet jegliches Gewächs und jegliches Ding. Wenn du jedes Ding lieben wirst, so wird sich dir das Geheimnis Gottes in den Dingen offenbaren."

FJODOR DOSTOJEWSKI

Das Meer, eine fremde Welt.
Ein Universum ganz für sich.
Ein Spiegel deiner Schönheit.
Unerforschte Tiefen
lassen deine Größe ahnen.

Unbekannte Wunderwesen
zeugen von deinem Humor
und deiner Fantasie.
Lass uns, Vater,
deiner Schöpfung mit Respekt begegnen
und uns an ihr freuen.

Umkämpft

„Und er stieg in das Boot und
seine Jünger folgten ihm.
Und siehe, da erhob sich ein
gewaltiger Sturm auf dem See,
sodass auch das Boot von
Wellen zugedeckt wurde.
Er aber schlief.
Und sie traten zu ihm,
weckten ihn und sprachen:
Herr, hilf, wir kommen um!
Da sagte er zu ihnen:
Ihr Kleingläubigen,
warum seid ihr so furchtsam?
Und er stand auf und
bedrohte den Wind und das
Meer. Da wurde es ganz stille."

Mt. 8,23-26

Herr,
wenn Stürme um mich toben,
wenn das Leben schäumend
über mir zusammenschlägt,
wenn starke Winde
an den Segeln meiner Seele zerren,
dann steh du in mir auf
und werde groß.
Befriede mein Herz
und schenk mir klare Sicht
auf dich.

Verwundert

„Das Land wird voll Erkenntnis
des Herrn sein, wie Wasser
das Meer bedeckt."

Jes. 11,9

„Alle Tropfen in den Bächen,
ja sogar im tiefen Meer,
hör' ich gleichsam
rauschend sprechen:
Nur von Gott kommt alles her;
ihm allein sei Preis und Ehr!"

BARTHOLD HEINRICH BROCKES

Jetzt noch
durchdringst du im Verborgenen
die Natur, die Länder,
die Völker dieser Welt.

Doch einmal, eines Tages
wird jeder Stein und jeder Baum,
jeder Berg und jedes Tal,
jedes Tier und jeder Mensch
von deiner Größe singen.

Selbst die Sterne und das All
werden jubeln,
wenn du kommst, Messias,
alles durchdringst
und heimholst
zu dir.

Neugeboren

„Jesus antwortete:
Wahrlich, wahrlich,
ich sage dir: Es sei denn,
dass jemand geboren werde
aus Wasser und Geist,
so kann er nicht in das Reich
Gottes kommen."

Joh. 3,5

Jesus,
du in mir
und ich in dir.
Ich will mehr von dir
und weniger von mir.
Wasche mich rein,
mach mich neu.
Erfülle mich
mit deinem Geist
und deinem Leben,
bis ich nicht mehr weiß,
wo ich aufhöre
und du anfängst.

„Wir waren nicht mehr
zwei getrennte Wesen.
Ich war verschwunden,
wie sich ein Wassertropfen
im weiten Ozean verliert –
Jesus allein war zurückgeblieben."

THÉRÈSE DE LISIEUX

Segensvoll

"Wohl den Menschen,
die dich für ihre Stärke halten und
von Herzen dir nachwandeln!
Wenn sie durchs dürre Tal ziehen,
wird es ihnen zum Quellgrund,
und Frühregen hüllt es in Segen."

Ps. 84,6-7

Dir, mein Gott,
will ich folgen,
will dein Weggefährte sein.

Kraftvoll gehst du mir voraus,
stützt mich mit deinen starken Armen,
wenn meine Schritte zaghaft tastend
festen Boden suchen.

"Du milder, heilender,
helfender Gott,
du schenkst Ströme deiner Güte,
deiner Liebe.
Du bist wie ein ewig grünender,
duftender Blütenbaum,
der ein Abbild ewiger Schönheit ist."

GERTRUD DIE GROSSE VON HELFTA

Du zeigst mir segensvolle Orte,
nie zuvor gesehen,
und ich halte mein Gesicht
in den warmen Frühlingsregen.

Angekommen

„So lasst uns hinzutreten,
besprengt in unsern Herzen
und gewaschen am Leib
mit reinem Wasser.
Lasst uns festhalten an dem
Bekenntnis der Hoffnung
und nicht wanken;
denn er ist treu,
der sie verheißen hat."

Hebr. 10,22-23

„Gott sagt nicht: Gib mir ein Herz
wie das der Engel, sondern:
Schenk mir dein Herz. Es ist dein
eigenes Herz, das er verlangt;
schenk es ihm, so wie es ist.
Er will nichts, als was wir sind
und was wir haben."

FRANZ VON SALES

Danke, Vater,
dass ich zu dir kommen kann
vertrauensvoll, so wie ich bin.

Ich halte dir hin,
was ich bin und habe,
das Schöne und das Hässliche,
meine Lichtblicke und Finsternisse,
was ich vermag und was mir fehlt.

Dir gehört mein ganzes Herz
und du nimmst es fröhlich an,
reinigst und erneuerst es
und lässt mich bei dir zuhause sein.

Über die Autorin

Steffi Baltes ist Pfarrerin. Sechs Jahre lang leitete sie ein Gästehaus in Jerusalem und begleitete mit ihrem Mann christliche Reisegruppen durchs Heilige Land. Heute lebt sie in Marburg und arbeitet im Verlag der Francke-Buchhandlung und im Christus-Treff.

Impressum

Bibliografische Informationen Der Deutschen Bibliothek
Die Deutsche Bibliothek verzeichnet diese Publikation in der Deutschen Nationalbibliografie;
detaillierte bibliografische Daten sind im Internet über http://dnb.ddb.de abrufbar.
ISBN 978-3-86827-313-7
Alle Rechte vorbehalten
© 2012 by Verlag der Francke-Buchhandlung GmbH, 35037 Marburg an der Lahn

© Bilder:
Dreamstime.com: Maxim Toome, S.2/3; Csaba Peterdi, S.4/5; Maryanne Gobble, S.6/7; Shaiith, S.12/13;
Allenfive5, S.14/15; Gerald mothes, S.20/21; Scuba13, S.30/31; Brett Critchley, S.32/33.
Fotolia.com: Oscar Calero, S.8/9.
Istockphoto.com: Joulaujoy, S.10/11; Iropa, S.18/19; Gordondix, S.20/21; Ron_Thomas, S.22/23;
Artpilot, S.26/27; Leonsbox, S.28/29; lfreytag, S.34/35; andipantz, S.36/37; o-che, S.38/39;
Lesley Jacques, S.40/41; irabell, S.42/43; konradlew, S.44/45; anouchka, S.46/47.
Shutterstock.com: Galyna Andrushko, S.16/17; Natalia Bratslavsky, S.24/25; DJ Mattaar, S.48.

Cover: Sven Gerhardt, Coverbild: jiri jura/istockphoto.com, Gestaltung: Christian Heinritz
Satz: Verlag der Francke-Buchhandlung GmbH
Printed in Poland
www.francke-buch.de